ZEN

Der Geist des ZEN

Während er in die Versammlungshalle trat, sagte der Meister Huang-po: „Der Besitz vieler Arten von Kenntnissen läßt sich nicht mit dem Aufgeben der Suche nach irgend etwas vergleichen. Das ist das beste aller Dinge. Es gibt nicht verschiedene Arten von Geist, und es gibt keine Lehre, die in Worte gefaßt werden kann. Da nichts weiter zu sagen ist, ist die Versammlung geschlossen."

ZEN

Eberhard Grames

Edition Ellert & Richter

Inhalt

Der Geist des Zen

Michael Müller

Zur Aussprache der japanischen Wörter:
s = scharfes „s“, wie in Slawe
z = weiches „s“ wie in „Sahne“ (also Zazen wie Sahsen)
sh = „sch“
y = „i“ wie in „Ja“; Tōkyō, die Hauptstadt, spricht sich also „Too-kjoo“ – zwei Silben –, nicht„ to-ki-o“.
j = „dsch“ wie im englischen „jungle“
Vokalen mit Längungsstrichen werden betont und lang gesprochen, also z. B. Kyūdō sprich wie „Kjuu-doo“.

Dong – Dong – Dong – – – –
Tschirin, tschirin, tschirin, tschirin, tschirin …
In der dunklen Stille die Wecklaute des Klosters.
Wem im ersten DONG das Universum erhallt, darin er selber aufgeht, für den braucht nichts mehr gesagt zu werden. Für den, der ES nicht hört, sind alle Worte schier vergebens. Worte sind höchstens „der Finger, der auf den Mond weist“, nicht der Mond selbst.
Zen ist nicht lehrbar und nicht lernbar – doch es ist erlebbar. So heißt es denn die „Übermittlung außerhalb der Schriften“ – ja, die Übermittlung des Unübermittelbaren. Man kann es nicht geben, wie man Dinge und Informationen gibt, wie man Kenntnisse mitteilt. Es ist kein Objekt. ES schließt alles ein, und da ist nichts außerhalb DESSEN. Wir sind eben DAS.
Eiliges Tappeln, Rascheln und Plätschern, und wenige Minuten später sitzen die Mönche im Dōjō, der Übungshalle, in Versunkenheit da. *Dōjō* heißt wörtlich: Weg-Halle. Es geht um den WEG, der auch Ziel ist. Es ist kein Weg von hier nach dort. Es ist der Weg, der die Vergegenwärtigung unseres Wahren-Wesens ist. Während wir in unserer Übung fortschreiten, bleibt dieses

Sōtō und Rinzai sind die beiden Schulen des Zen, die in Japan heute noch lebendig sind. Von einer dritten, der Ōbaku-Schule, gibt es nur noch ein einziges aktives Kloster.

Wahre-Wesen, unser Wahres-Selbst, beständig sich selber gleich, einerlei ob Anfänger oder Buddha.
Denken die Mönche in der Halle darüber nach? Unsinn! Wie könnten sie zu unmittelbarer Erfahrung kommen, wenn sie sich in den Schranken von Gedanken, Begriffen, Bildern, Vorstellungen hielten? Auch die erhabenste Vorstellung, der edelste Gedanke ist hier nur ein „versperrender Teufel", Hindernis nicht Hilfe. Es gilt vielmehr, „bar und ledig aller Dinge" zu werden, wie Meister Eckhart sagt – das Bewußtsein wie *Hakushi*, wie weißes Papier, fleckenlos rein, frei von allen Überlagerungen. Im Nachdenken über etwas sind wir getrennt davon. Wird ein Mensch satt, so heißt es, wenn er die Speisekarte liest? Wenn er über Zusammensetzung und Zubereitung der Speisen nachdenkt? Nein! Er muß die Speisekarte aus der Hand legen und essen. Nur dann kennt er den Geschmack; nur dann wird er satt. Den Mönchen hier geht es um den „Geschmack", um die unmittelbare Erfahrung, die allein sie „sättigen" kann.
Sitzen die Mönche auch alle gemeinsam in der Halle – zur Wand gewandt in einem Sōtō-Kloster, zum Raum gewandt in einem Rinzai-Kloster* –, so ist doch jeder ganz

Raum im Nanzen-Kloster in Kyōto. Die klassische japanische Architektur spiegelt in ihrer Klarheit und Schlichtheit zentrale Kategorien der Zen-Ästhetik. Fast unmerkliche Symmetriebrüche und Unebenheiten der verwendeten natürlichen Materialien geben diesen Räumen in all ihrer formalen Strenge etwas ungemein Lebendiges.

allein für sich. Niemand kümmert sich um den anderen. Nur ein Mönchs-Ältester geht zuweilen die Reihen entlang. Tschatt! ein Schlag mit dem *Kyosaku*, dem Stock, der einzig zur Hilfe, nie zur Strafe angewandt wird. Es hilft Müdigkeit überwinden, löst Verspannungen, steigert die Intensität, weckt latente Kräfte und kann, genau im rechten Moment angewandt, gar jemandem zu einem Durchbruch verhelfen. Dann bricht in einem Nu das Zerrbild der Welt unseres Jedermanns-Bewußtseins zusammen, und wir werden einer Dimension inne, die uns bis dahin unbekannt, verborgen war, obgleich sie ständig offenbar ist. Es ist, als wenn ein Mensch, der sich einen Film ansieht, plötzlich den allem zugrundeliegenden Bildschirm gewahrt – die LEERE, die allen Phänomenen „zugrundeliegt", die LEERE, die doch unauflöslich eins mit den Phänomenen ist. „Mache auf keinen Fall einen Unterschied zwischen dem Essentiellen und der phänomenalen Welt", sagt Huang-po (jap.: Ōbaku, gest. 850).
Bei einem Durchbruch verschwinden uns in der weiten LEERE zunächst die Phänomene, die wir bisher einzig kannten – getrennt von uns, „draußen". Doch das ist nicht das Ende, sondern ein Anfang. Schließlich tauchen sie wieder auf, nun eins mit der LEERE,

ungetrennt von uns. So heißt es denn im Zen:
„Zuerst sind Berge und Flüsse Berge und Flüsse.
Dann sind Berge und Flüsse nicht mehr Berge und Flüsse.
Dann sind Berge und Flüsse wieder Berge und Flüsse."
Wenn Berge wieder Berge, Flüsse wieder Flüsse sind, erleben wir die Ungetrenntheit von Tod und Leben, von Geist und Materie, von Subjekt und Objekt, von ich und anderen, von Natürlichem und Übernatürlichem und erkennen, daß die Spaltung unserem objektivierenden, dualistischen Bewußtsein entsprang, das bar jeder Wirklichkeit ist – eine Scheinfrucht, doch selbst sie nicht außerhalb des *Dharma*, der Großen-Ordnung. Doch nach einem ersten Durchbruch beginnt nun die Schulung „im Raum", ist es doch, als hätten wir zunächst nur die Nasenspitze in ein riesiges, uns noch unbekanntes Bauwerk gesteckt. Nun beginnt die Erkundung dieser „neuen" Welt, die doch die uralte ist: unser Wahres-Zuhause, unser Wahres-Selbst, das auch das Wahre-Selbst des Universums ist. Ein jeder umschließt das Universum in seiner Gesamtheit.
Was uns solchermaßen die Zen-Meister sagen, sagte im Westen auch ein Physiker

„Berg und Wasser im Trockengarten" (jap. *kare-sansui*) sind keine „Nachbildung" der Natur. Die Steingärten japanischer Zen-Tempel, hier des Daisen-in im Daitoku-Kloster in Kyōto, ziehen den Geist des Betrachter in das „donnernde Schweigen" im Herzen aller Manifestation, das im Granitfelsen ebenso anklingt wie im Tosen der Brandung.

wie Erwin Schrödinger: „Unbegreiflich, wie es der gewöhnlichen Vernunft auch scheinen mag, bist doch du – und jedes andere bewußte Wesen – alles in allem."*

Die Sicht der Wissenschaft konvergiert heute mit der Zen-Erfahrung. Was man im Osten seit Jahrtausenden aus unmittelbarer Erfahrung heraus wußte und was im buddhistischen (und auch hinduistischen) Schrifttum verankert ist und als „Lehrmeinung" in der offiziellen Überlieferung betont wird, beginnt nun auch der Westen zu entdecken – in seiner Weise. Doch eine Entdeckung, die nicht gleichzeitig direktes Erleben ist, trägt uns nicht durch Krisen. Einzelne Westler wie Plotin oder Meister Eckhart und auch manch anderer im Westen gingen durch dies Erlebnis.

Im Kloster rezitieren jetzt die Mönche. Ein, zwei Stunden lang war da schweigendes Zen, jetzt ist es Zen in Lauten. Das gleiche Zen, die gleiche Sammlung, gedankenfrei, keinem Text-Sinn verhaftet.

Pat ––––– pat –––– pat ––– pat –– pat – pat-pat-patpatpatpat – PAT! Holzklappern rufen zum Frühstück.

Im Eßraum am Boden kniend, den Satz der Eßschalen, in weiße Tücher eingebunden, vor sich, wird wieder rezitiert. Auf ein Zeichen werden die Eßschalen ausgewickelt,

* Erwin Schrödinger: My View of the World, Cambridge University Press, London 1964.

Zikade im Baum,
plötzlich verstummt ihr Gesang –
schwarze Teeschale.

Setsu

Das dumpfe Pochen eines riesigen Mokugyō (wörtl. „Holzfisch") gibt den Rhythmus der Sūtra-Rezitation in einem Zen-Kloster vor: „O Shāriputra, Form ist nicht verschieden von Leere, Leere ist nicht verschieden von Form …"

das Essen wird verteilt. Niemand spricht. Wieder rezitiert man und gibt unter dem Rezitieren ein kleines Speiseopfer für die *Gaki,* die „Hungrigen Geister", die einen der Sechs Bereiche des Daseins bevölkern. Doch wie viele „hungrige Geister" gibt es auch im menschlichen Bereich: all die nach Besitz, Ansehen, Macht, Ruhm, Freizeit, Geld, Geliebtwerden Gierenden, Unzufriedenen, Unersättlichen – alles „hungrige Geister". Man verdammt die Gaki nicht, man tröstet sie mit einem kleinen Speiseopfer. Es ist eines der vielen Zeichen, daß das einsame Zen-Sitzen, das *Zazen,* dem Wohl aller dient. Nicht umsonst rezitiert man täglich mehrmals: „Der Lebewesen sind zahllose; ich gelobe, sie alle zu retten."
Nach dem Frühstück geht es zum *Samu,* dem Säubern des Klosters, zur Garten- und Feldarbeit oder zum Küchendienst. „Ein Tag ohne Arbeit, ein Tag ohne Essen", dieser Ausspruch von Meister Pai-chang (jap.: Hyakujō, 720–814) gilt auch heute. Pai-chang handelte danach. Als ihm einst die Mönche die Gartengeräte versteckten, um den betagten Meister zu hindern, die Anstrengung der Arbeit auf sich zu nehmen, aß er auch nichts an jenem Tage. Die Geräte kamen zurück; er arbeitete und aß wieder.

Utensilien für den Tee-Weg. Bambus in tausend Verwandlungsformen gehört zu den wichtigsten Werkstoffen des japanischen Kunsthandwerks.

Auf ein Klapperzeichen hin brechen alle die Arbeit ab, richten sich sauber her und gehen zum Mittagessen – es sei denn, daß man gerade in einem *Sesshin* ist, also in Tagen besonders intensiver, strenger Übung des „gesammelten Geistes". Dann währt die Arbeit nur etwa eine Stunde, und anschließend hören die Mönche das *Teishō* des Meisters. Ein Teishō ist kein Lehrvortrag. Der Meister erklärt nicht. Indem er das *Kōan* durchlebt, bringt er seine Worte dar, aufgeladen von der lebendigen Kraft seiner Sicht. Da der Meister aus der MITTE heraus spricht, die auch die MITTE eines jeden Hörenden, eines jeden überhaupt, ist, wirkt sich das als Aufladung und Anstoß aus. Es ist nicht der Kopf, sondern der Herz-Geist, der davon getroffen wird. *Kōan* bestehen meist aus Fragen von Schülern früherer Zeiten und den alles logische Denken abschneidenden Antworten der alten Meister. Da das gewöhnliche Bewußtsein hier an eine Wand stößt, ergibt sich die Lösung nur durch einen Sprung, durch den alles übliche Denken, das übliche Bewußtsein, transzendiert wird. Nur wer sich nirgends mehr festhält, nur wer alle Verhaftung an Begriffe, Vorstellungen, Glaubenssätze, Philosophien, Bilder aufgegeben hat, kann solchen Sprung tun. Darin

Die Verbeugung des wahren Zen-Mönches kann einem räudigen Hund ebenso gelten wie einer Buddha-Statue, denn beide sind vollkommener Ausdruck des allem inhärenten Buddha-Wesens.

* Gemeint ist natürlich das Sitzkissen, auf dem die Mönche Zazen üben.

besteht das „einmal auf dem Kissen* sterben", davon im Zen die Rede ist, und das dem „stirb ehe du stirbst" der Sufi gleichkommt.
Was da stirbt, ist unsere Verblendung, unser vermeintliches Ego-Ich. „Wer sein Leben verliert, der wird es behalten", sagt die Bibel. Überall der Hinweis auf die eine gleiche Notwendigkeit. Doch selten wird ihr entsprochen. Man verstrickt sich lieber in gelehrte Deutungen und Satzungen, die verhindern, das zu erleben, wovon sie sprechen, die verdunkeln und entstellen, was sie hervorheben wollen. „Wer Ohren hat zu hören, der höre", sagt die Bibel. Zu solchen Ohren kommen wir durch die Erfahrung der Erleuchtung. Und um diese Erfahrung geht es im Zen. Diese Erfahrung, obwohl dem Wesen nach immer gleich, hat zahllose Abstufungen hinsichtlich Deutlichkeit und Tiefe und reicht von einem kleinen Durchblick bis zu voller Erleuchtung.
Im Kloster folgt auf das Mittagessen eine Ruhepause. Dann wird Tee gereicht. An Sesshin-Tagen sitzen wieder alle stundenlang in Versenkung, während sonst die Arbeit wieder aufgenommen wird. Doch ob Alltag oder Sesshin, am Abend sitzen alle zwei, drei Stunden lang nach dem besonders einfachen Abendessen, das

Die Aufmerksamkeit des Zen-Mönches von Augenblick zu Augenblick gilt auch der Art, wie er seine Holzsandalen nach getaner Arbeit abstellt.

meist aus den Resten des Tages zubereitet ist. Nach dem Zazen und kurzem Rezitieren begibt sich alles zur Ruhe. Doch ob im Schlafen oder Wachen, beim Sitzen oder Essen, bei der Arbeit oder in der Ruhe, es geht einzig um das Eine, das sich einmal so, einmal anders manifestiert. Wer dieses EINE erfahren hat, indem er plötzlich innewurde, daß er wie jede Verrichtung nichts ist als eben DAS, eigenschaftslos, unerklärbar, unnennbar, namenlos, der erkennt nun auch, daß das, was sucht, auch das Gesuchte ist. Er hat seine Freiheit gefunden, eine Freiheit, die unabhängig ist von allen Bedingungen. Er kann mit Yun-men (jap.: Ummon, 864–949) sagen: „Tag für Tag guter Tag" – in Freude und Leid, in Gesundheit wie Krankheit, ja auch in Wirren und Kriegen. Er hat Frieden gefunden.
Wer solchermaßen zum LEBEN erwacht ist, zu einem LEBEN, das Tod und Leben transzendiert, der möchte ES allen mitteilen, allen schenken – – – und gerade er zögert zunächst, alsbald andere zu schulen, nachdem er selbst die Schulung unter einem Meister durchlaufen hat und autorisiert wurde. So war es bei den großen Meistern wie Nan-ch'uan (jap.: Nansen), Chao-chou (jap.: Jōshū), We-shan (jap.: Isan), Bassui und vielen anderen in China und Japan. Je

tiefer die Erfahrung, desto klarer wird erkannt, daß der Weg endlos ist, und so fahren sie allein in ihrer Schulung fort, bis die Menschen sie denn in ihrer Verborgenheit aufspüren. Egoismus? Im Gegenteil! Tiefstes Verantwortungs- und Wertgefühl.
Die innere Erfahrung der Meister schlägt sich auch nieder in künstlerischen Ausdrucksformen, im Dichten von *Haiku* (17silbigen Gedichten) zum Beispiel, im Malen von Schriftrollen und Tuschbildern. Was bei den Meistern Niederschlag erleuchteter Erfahrung ist, das wird umgekehrt von vielen ohne solche Erfahrung zur Schulung aufgegriffen, das heißt, die „Wege" machen sich selbständig.
Durch langjährige Übung der immer gleichen Handgriffe und Bewegungen bei voller Aufmerksamkeit vergißt sich der Übende endlich selbst und geht auf in dem Geschehen – gedankenlos. Da gibt es den Schrift-Weg (*Shodō*), den Tee-Weg (*Sadō* oder *Chadō*), den Blumen-Weg (*Kadō*), den Bogen-Weg (*Kyūdō*), den Schwert-Weg (*Kendō*) und andere. Das japanische *Dō* ist das chinesische *Tao*. Wir haben das „Tao des Schwerts", das „Tao der Schrift" und so weiter. Es geht um das Tao, von dem Laotse sagt: „Wenn das Tao etwas wäre, das sich darbringen ließe, so würde

Auf der Höhe ihrer Pracht fällt die Magnolienblüte plötzlich zu Boden – für den Samurai wie den Zen-Mönch ein *carpe diem*, eine Mahnung, das möglicherweise kurz bemessene Leben gut zu nutzen.

es jedermann seinem Herrscher darbringen.
Wenn das Tao etwas wäre, das sich überreichen ließe, so würde es jedermann seinen Eltern überreichen.
Wenn das Tao etwas wäre, das sich anderen mitteilen ließe, so würde es jedermann seinen Brüdern mitteilen.
Wenn das Tao etwas wäre, das sich schenken ließe, so würde es jedermann seinen Söhnen und Enkeln schenken."
Doch das Tao ist kein Objekt.
Wenn wir nun Sadō mit Tee-Zeremonie, Kyūdō mit Bogenschießen, Kadō mit Blumen-Stellen, Kendō mit Schwert-Kampf übersetzen, so übertragen wir unser dualistisches Denken auf etwas, das jenseits dieser Dualität liegt. Da ist nur: TEE! BOGEN! BLUME! SCHWERT! SCHRIFT! Keine Subjekt-Objekt-Spaltung. Es ist bezeichnend, daß wir statt Sadō in Japan oft auch *Cha-no-yu* hören, was schlicht „heißes Teewasser" heißt. Einfach nur so ...
Nahezu alle Zen-Meister „schreiben". Wer offenen Herzens eine Schrift-Hängerolle eines der großen Meister sieht, wie zum Beispiel von Hakuin Ekaku (1685–1768), Yamaoka Tesshū (1836–1888) oder Yamamoto-Genpō (1866–1961), der spürt es wie einen Stoß in die Magengrube – auch

wenn er nicht Japanisch lesen kann und nichts vom Schrift-Weg versteht. Darin ist etwas von der direkten Übermittlung von Herz-Geist zu Herz-Geist. Manch ein Meister ist daneben berühmt für eine der anderen Künste, so Ma-tsu Tao-i (jap.: Baso Dō-itsu, 709–788) für seine Dichtungen, oder Hakuin für seine Tuschbilder, oder Tesshū für seine Schwert-Kunst. Andere praktizierten auch den Tee- oder Blumen-Weg. Doch für uns sind vor allem die Schriftrollen, Dichtungen, Tuschbilder wichtig, einfach weil sie uns erhalten blieben, während Tee und Blumen nur im Vollzug erlebt werden können und mit dem Augenblick vergehen. Wir können nicht beim Tee eines der alten Meister zu Gast sein. Doch diese Wege leben weiter in den Nachfolgern, so in den Generationen, die auf den großen Tee-Meister Sen Rikyū (1522–1591) folgten. Solchermaßen lebt ja auch die Tradition des Zen fort – von Shākyamuni Buddha bis in unsere Tage, also über rund 2400 Jahre hinweg.
Auch wenn wir Zen dem Buddhismus verdanken, so ist Zen selbst doch keine Religion im üblichen Sinn. Frei von allen Dogmen, ist es vielmehr die Grunderfahrung, aus der die Religionen hervorgehen und in die sie zurückführen wollen. Diese

Der Berghang dunkelt,
nimmt wieder das Purpurrot
der Herbstblätter an.

Shiki

Als hätte der Wind es in die Schöpfwanne des Papiermachers geweht – ein Herbstblatt im handgeschöpften japanischen Papier (*washi*).

Ein Pinsel aus Bambus und Marderhaar und ein eiserner Reibstein zum Bereiten der Tusche – schon die Utensilien des Shodō sind Kunstwerke an sich.

Berühmte Aussprüche von alten Zen-Meistern, die – typisch für das Zen – oft nur aus einem oder zwei Wörtern bestehen, sind beliebte Sujets der von den meisten Zen-Meistern ausgeübten Kunst der Pinselschrift, die in Japan *Shōdo*, das heißt „Schrift-Weg", genannt wird.

Unter dem tanzenden Pinsel entsteht ein Zen-Kunstwerk, wenn der Künstler jede Absicht, ein Kunstwerk zu schaffen, im Vollzug vergißt. „Wahre Methode wird im Akt der Schöpfung geboren und ist frei von Hindernissen und Begrenzungen. Begreift der Künstler das Universum, dann wird sich das *Tao*-Gemälde entfalten." (Shih T'ao, *Dialog über die Malerei*)

Grunderfahrung, die wir als Erleuchtung, Durchbruch, Umstülpung, Umkehr, Selbst-Wesensschau, *Satori* und so weiter bezeichnen können, ist weder buddhistisch noch christlich, weder hinduistisch noch jüdisch, muslimisch oder taoistisch.
Wenn sich ein Mensch die Hand verbrennt und aufschreit „Au!" – ist das dann ein buddhistisches, christliches, jüdisches, hinduistisches oder sonst ein Au? Es ist AU, sonst nichts. So ist es auch bei dem urplötzlichen Durchbruch, dem *Satori*, im Zen, dem Innewerden unseres Wahren-Wesens, der LEERE – kein Beigeschmack irgendeiner Glaubensanschauung, mag man auch hinterher die Erfahrung in der Terminologie seiner Kultur auszudrücken versuchen.
Meister Dōgen Kigen (oder Eihei) (1200–1253) wird nicht von „Christus" sprechen, Meister Eckhart (1260–1327) nicht von „Buddha".
Was im Zen „Leere" genannt wird, das ist nicht ein totes Nichts. Bar jeder Eigenschaften, ist es der Urgrund oder „Ungrund" aller Möglichkeiten und Manifestationen und völlig eins damit, das Wahre-Wesen aller Geschöpfe und Dinge. Wir können die LEERE nicht sehen, nicht hören, nicht wahrnehmen oder abwägen und auch nicht denken. Also wird es Leere genannt.

Meister Huang-po sagt hierzu:
„Alle Buddhas und alle Lebewesen sind nichts als der Eine Geist, neben dem nichts anderes existiert. Dieser Geist, der ohne Anfang ist, ist ungeboren und unzerstörbar. Er ist weder grün noch gelb, hat weder Form noch Erscheinung. Er gehört nicht zu der Kategorie von Dingen, die existieren oder nicht existieren. Auch kann man nicht in Ausdrücken wie alt oder neu von ihm denken. Er ist weder lang noch kurz, weder groß noch klein, denn er überschreitet alle Grenzen, Maße, Namen, Zeichen und Vergleiche. Du siehst ihn stets vor dir, doch sobald du über ihn nachdenkst, verfällst du dem Irrtum. Er gleicht der unbegrenzten Leere, die weder zu ergründen, noch zu bemessen ist."
Und an anderer Stelle sagt Huang-po:
„Erwachst du bloß zum Einen Geist, so gibt es nichts anderes mehr zu verwirklichen."
Wem in dieser Erfahrung sein bisheriges illusionäres Weltbild dualistischer Gegensätzlichkeit zusammenbricht, der kann mit Meister Eisai Myōan (1141–1215) sagen:
„Da ich bin, wölbt sich der Himmel und die Erde wird getragen. Da ich bin, bewegen sich Sonne und Mond.
Die vier Jahreszeiten folgen einander, alle Dinge werden geboren, weil ich bin, das

Die innere Sammlung des Bogenschützen führt zu einem Zustand, in dem er eins wird mit dem Ziel und jeder Schuß unmittelbar das eigene Herz trifft.

Jede Geste auf dem Weg des Bogens ist Teil eines tanzlosen Tanzes, in dem die völlige Beherrschung der Kunst durch völlige Absichtslosigkeit geschieht.

Kyūdō, der „Weg des Bogens" – von Menschen mit Zen-Erfahrung ausgeübt, wird die Kunst des Bogenschießens zum unmittelbaren Ausdruck der in Worten nicht mitteilbaren Lehre des Zen.

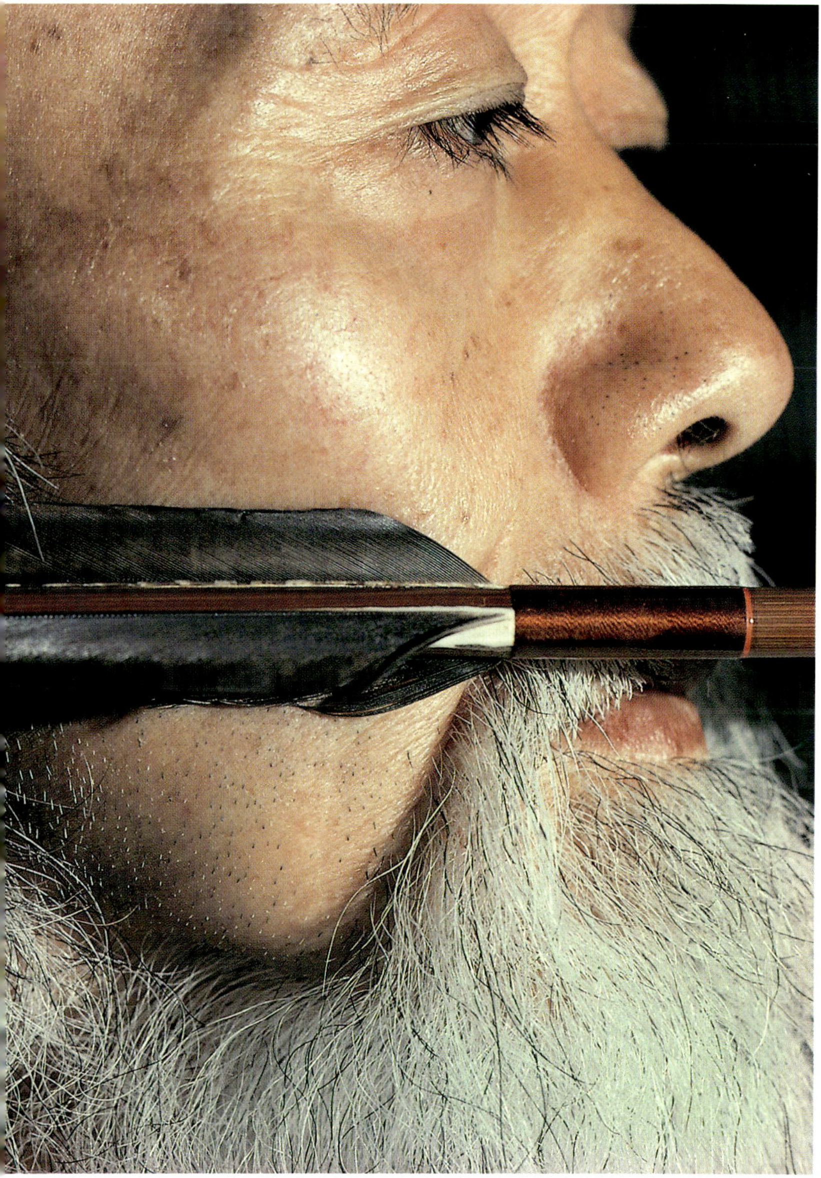

heißt, des Bewußtseins wegen."
Vom gleichen Geist zeugen die Worte Meister Eckharts:
„In meiner Geburt wurden alle Dinge geboren, und ich war Ursache meiner selbst und aller Dinge ..."*

* Meister Eckhart: „Über die Armen im Geiste"

Jeder tiefe Durchbruch führt zum Erlebnis der Einheit, der „Einheit der Gegensätze" (*coincidentia oppositorum*), wie Nikolaus von Kues es nennt. In Plotins „Sechster Änneade" lesen wir:
„Der Gewahrende war eins mit dem Gewahrten ..."
Die Spaltung zwischen Subjekt und Objekt ist aufgehoben, verschwunden in diesem Erlebnis.
Auch die Spaltung von Form und Leere fällt weg. Im *Hannya Haramita Shingyō*, dem „Herzstück des großen Weisheits-Sūtra", hören wir:
„Form ist nichts als Leere, Leere ist nichts als Form."

Steingarten im Ryōgen-in in Kyōto. Im Fremdenführer mag stehen, er „symbolisiere das Universum". Das Zen-Auge sieht es anders: Ein Stein ist ein Stein *ist* das Universum.

Wu-Di von Liang und Bodhidharma*

* Bi-Yän-Lu:
1. Beispiel

Hinweis

Hinterm Berge Rauch sehen und schon wissen: dort brennt ein Feuer; hinter der Hecke Hörner erblicken und alsbald merken: da weidet Vieh; sich an der einen Ecke gleich die drei anderen deutlich machen; Augenmaß für Gran und Unze: das gehört für den Kuttenbruder zum täglichen Tee und Reis. Hat einer gar den Strom der Mannigfaltigkeiten in sich abgeschnitten, dann mag er, sei's im Osten, sei's im Westen, bald auftauchen, bald verschwinden, mag kreuz und quer sich einmal widersetzen, ein andermal willfahren, mag geben und mag nehmen, ganz frei auf sich gestellt. Wenn nun gerade so etwas wirklich vorkommt, so sage mir einmal: von welcher Art sind denn die Menschen, die das in ihrem Tun und Lassen üben? – Nun, seht euch das Rankengewirr des Hsüä-dou einmal an!

Das Beispiel
Wir legen vor:
Wu-Di von Liang fragte den Großmeister Bodhidharma: Welches ist der höchste Sinn der Heiligen Wahrheit?
Bodhidharma sagte: Offene Weite – nichts von heilig.
Der Kaiser fragte weiter: Wer ist das Uns gegenüber?
Bodhidharma erwiderte: Ich weiß es nicht.
Der Kaiser konnte sich nicht in ihn finden.
Bodhidharma setzte dann über den Strom und kam nach We.
Später wandte sich der Kaiser an den Edlen Bau-dschï und befragte ihn.
Der edle Bau-dschï sagte: Aber Eure Majestät wissen doch wohl, wer das ist? Oder nicht?
Der Kaiser erwiderte: Ich weiß es nicht.
Da sagte der Edle Bau-dschï: Das ist der große Held Avalokiteshvara, der das Siegel des Buddhageistes weitergibt.
Da reute es den Kaiser, und schließlich sandte er einen Boten ab, um Bodhidharma zurückzubitten.
Der Edle Bau-dschïi aber riet: Sagen Eure Majestät es lieber niemand, daß Sie einen Boten schicken wollten, ihn zurückzuholen!
Dem könnte das ganze Land nachlaufen: er kehrte doch nicht wieder um.

Takuhatsu, der traditionelle Bittgang der buddhistischen Mönche. Die materielle Besitzlosigkeit der Mönche ist äußeres Zeichen der Forderung nach völliger „Armut im Geiste" – der Freiheit vom Haften an Begriffen und Vorstellungen, und seien sie auch noch so „erhaben".

Gesang
Heilige Wahrheit – Offene Weite!
Wie erschau'n, wohin das trifft?
Wer der Mann Uns gegenüber?
Der versetzt: Ich weiß es nicht.
Damit entweicht er heimlich übern Strom.
Wie sollten um ihn her nicht Dornen wachsen?
Lief' ihm das ganze Land auch nach,
er kommt kein zweites Mal.
Und sehnten ihn Jahrhunderte
herbei, es ist umsonst.
Laßt ab von eurem Sehnen!
Rein geht der Wind ums Erdenrund,
wo fände er ein Ende?

Trittsteine im Teich. „Schritt für Schritt, Augenblick für Augenblick – nur DIES!“

Dschau-dschou zu dem Vers: „Der höchste WEG ist gar nicht schwer."*

* Bi-Yän-Lu: 2. Beispiel

Hinweis

Der Himmel und die Erde sind dagegen eng. Die Himmelslichter: Sonne, Mond und Sterne verfinstern sich davor im gleichen Augenblick. Mag auch der Stock mit Hieben regnen, der Scheltruf durch die Halle donnern, so wird einer darum doch noch nicht die Sache selbst erlangen, die in dem uns anvertrauten Erbgut überwärtiger Richtung einbeschlossen ist. Auch die Buddhas der vergangenen und künftigen Äonen, wie die des gegenwärtigen, können das nur für sich selber wissen. Die Patriarchen auch von einer Generation zur andern sind nicht imstande, es vollständig darzulegen. Die ganze Sutrensammlung mit den Lehren Buddhas während seines langen Lebens reicht nicht aus, es zu erklären, zu erläutern. Und Kuttenmönche gibt es, die sich heller Augen rühmen, und dennoch hilflos davor stehenbleiben. Was hat es unter diesen Umständen für einen Sinn, noch lange genauer nachzufragen? Hier mit dem Namen Buddha daherkommen, heißt nur im Schlamm waten und mit Schmutzwasser um sich spritzen; und das Wort Zen dabei noch in den Mund nehmen, treibt nur die Schamröte ins Gesicht. Den Älteren, die hier schon lange üben, brauche ich das nicht zu sagen. Aber die Anfänger, die später gekommen sind, mögen es sich nur gleich gründlich zu Herzen nehmen.

Ein Mönch beim Harken des Kiesgrundes eines Steingartens im Daitoku-Kloster in Kyōto. Im Zen-Steingarten wird die Aufmerksamkeit des Betrachters auf den leeren Raum gelenkt. Diese Verschiebung des Blickwinkels wirkt dem Haften an den „Dingen" entgegen, welches die Erfahrung des eigenen Wahren-Wesens verhindert.

* Dschau-dschou zitiert den Eingangsvers des großen Lehrgedichts Hsinhsinming von Sëng-tsan, dem Dritten Patriarchen.

Das Beispiel

Wir legen vor:

Dschau-dschou sagte bei der Unterweisung seiner Bruderschaft:

„Der höchste WEG ist gar nicht schwer, Nur abhold wählerischer Wahl."*

Redet man davon auch nur ein klein bißchen, so heißt es schon: hier „wählerische Wahl", hier „wolkenlose Klarheit". Der alte Mönch hier steht nicht in der wolkenlosen Klarheit. Ihr da, ihr hütet sie und haltet, wie ich dächte, sie trotzdem hoch – oder ist es nicht so? Nun war da ein Mönch; der fragte: Wenn man schon nicht in der wolkenlosen Klarheit steht, was soll man dann hüten und hochhalten?

Dschau-dschou erwiderte: Ich weiß auch nicht.

Da sagte der Mönch: Ehrwürdiger, wenn Ihr das schon nicht wißt, wieso sagtet Ihr dann doch, Ihr stehet nicht in der wolkenlosen Klarheit?

Dschau-dschou erwiderte: Das Fragen nach der Sache hast du jetzt gehabt. Mach deine Verbeugung und tritt zurück.

Ein Zen-Garten *en miniature*, in dem der Geist des Betrachters spazierengehen kann wie in einer Landschaft.

Ich habe sonst nichts
als meine Seelenruhe –
oh, welche Kühle!

Issa

Das Meer im Frühling,
es steigt und fällt, steigt und fällt
ohne Unterlaß.

Buson

Hebst du sie an die Lippen,
die Schale mit grünem Tee, siehst du deutlich
auf ihrem Grund
des Himmels Blau und das Grau des Meeres.
Tee-Meister Rikyū

Gesang
Höchster WEG, gar nicht schwer!
Worte treffen's, Rede trifft.
Eins hat Arten vielerlei.
Zweie gibt nicht beiderlei.
Enden des Himmels: Sonne geht auf, Mond geht unter.
Vor dem Geländer: tief die Bergwelt, kalt die Gewässer.
Dem Totenschädel schwanden die Sinne; wie soll ihm Freude erstehn?
Im morschen Baum ein Drachengesang: noch ist er nicht verdorrt.
Schwer, ja schwer!
Wählerisch wählen? Wolkenlos klar?
Freund, sieh selber zu!

Tiger und Bambus, Kraft und Geschmeidigkeit, auf einer Türbemalung im Nanzen-ji Kloster in Kyōto.

Im Bambuswald. Der Bambus, der sich geschmeidig beugt unter der Wucht des Sturms und im nächsten Moment elastisch wieder hochschnellt und der seine Kraft und Biegsamkeit aus der Leerheit in seinem Innern bezieht, wird oft als Sinnbild für die Tugenden des Zen-Mönchs angeführt.

„Sein-Zeit"
Dōgen Zenji

Ein Zen-Meister alter Zeit hat gesagt: „Sein-Zeit steht auf dem obersten Gipfel und in der tiefsten Tiefe des Meeres; Sein-Zeit ist drei Köpfe und acht Ellbogen; eine Höhe von sechzehn oder achtzehn Fuß ist Sein-Zeit; der Stab eines Mönchs ist Sein-Zeit; *Hossu** ist Sein-Zeit; die Steinlaterne ist Sein-Zeit; Taro ist Sein-Zeit, Jirō** ist Sein-Zeit; Erde ist Sein-Zeit, Himmel ist Sein-Zeit."

„Sein-Zeit" heißt, daß Zeit Sein ist. Jegliches daseiende Ding ist Zeit. Die goldene Statue von sechzehn Fuß ist Zeit. Da sie Zeit ist, hat sie die Großartigkeit der Zeit. Man muß lernen, daß sie die zwölf Stunden der „Jetztheit" ist. Drei Köpfe und acht Ellbogen sind Zeit. Da sie Zeit sind, müssen sie identisch sein mit diesen zwölf Stunden, eben diesen Augenblick. Obgleich wir zwölf Stunden nicht als lange oder kurze Zeit messen, nennen wir sie doch (willkürlich) zwölf Stunden. Die Spuren von Flut und Ebbe der Zeit sind so offensichtlich, daß wir sie nicht anzweifeln. Doch obgleich wir sie nicht anzweifeln, sollten wir daraus nicht schließen, daß wir sie begreifen. Menschen sind wankelmütig: Einmal zweifeln sie an dem, was sie nicht begreifen, und zu anderer Zeit zweifeln sie nicht mehr an demselben Ding. So deckt

* Ein kurzer Holzstab mit einem Schweif, wie ihn Zen-Meister bei sich führten, um Fliegen und Mücken zu verscheuchen.

** Diese Namen werden in gleicher Weise gebraucht wie bei uns Hans, Karl und Fritz.

Kyosaku, „Erweckungs-Stock“, heißt der abgeflachte Stock, mit dem die Mönche während langer Perioden des Zazen auf Schultern und Rücken geschlagen werden, sobald sie einzuschlafen drohen oder ihre Sammlung nachläßt.

sich ihr früheres Zweifeln nicht immer mit dem gegenwärtigen. Das Zweifeln selbst aber, wie es ist, ist die Zeit in diesem Augenblick.
Der Mensch schafft sich eine Ordnung und legt diese Ordnung als die Welt aus. Es gilt zu erkennen, daß ein jegliches Ding, ein jegliches Lebewesen im ganzen Weltall Zeit ist. Kein Ding behindert ein anderes, ebenso wie keine Zeit eine andere behindert. Also besteht die ursprüngliche Hinwendung eines jeden Geistes zur Wahrheit innerhalb der gleichen Zeit, und für jeden Geist gibt es ebensowohl auch einen Augenblick, da seine Hinwendung zur Wahrheit beginnt. Mit Übung-Erleuchtung ist es nicht anders.
Der Mensch schafft sich eine Ordnung und sieht diese Ordnung (als die Welt) an. Es ist ebenso unbestreitbar, daß der Mensch Zeit ist. Man muß anerkennen, daß es in dieser Welt Millionen von Dingen gibt, und daß ein jegliches gleichermaßen die gesamte Welt ist – das ist es, womit das Studium des Buddhismus beginnt. Wenn man das erkennt (wird man gewahr), daß ein jegliches Ding, ein jegliches lebendige Ding das Ganze ist, obgleich es selbst das nicht erkennt. Da es keine andere Zeit als diese gibt, ist eine jegliche Sein-Zeit die

Wasserbecken am Pfad zu einem Teehaus zur rituellen Reinigung durch Ausspülen des Mundes.

Die Zen-Praxis öffnet das Auge für das Wunder der „kleinen Dinge" des Alltags: ein Bambuszaun im schrägen Licht, ein kunstvoll gefertigter Bambusrechen (links), eine Prozession von Schirmen aus Bambus und gewachstem Papier … (oben): ein jedes Ding hat seine Funktion und Würde und verdient mit gleicher Aufmerksamkeit und Umsicht behandelt zu werden wie ein kostbares Kunstwerk.

Gesamtheit der Zeit. Jeder Zeitpunkt schließt jegliches Sein und jegliche Welt ein. Denkt einmal nach, ob es irgendein denkbares Sein oder irgendwelche denkbaren Welten gibt, die nicht in dieser gegenwärtigen Zeit eingeschlossen sind.
Wenn ihr gewöhnliche Menschen seid, unbewandert im Buddhismus, werdet ihr zweifellos, wenn ihr die Worte *aru toki* hört, darunter verstehen, daß (sie „einmal", „zu einer Zeit" bedeuten, also) zu einer Zeit das Sein als drei Köpfe und acht Ellbogen erschien, daß zu einer Zeit das Sein eine Höhe von sechzehn bis achtzehn Fuß war, oder daß ich zu einer Zeit durch den Fluß watete und zu einer Zeit über das Gebirge ging. Ihr mögt denken, daß jener Fluß und jenes Gebirge Dinge der Vergangenheit sind, daß ich sie hinter mir gelassen habe und nun in diesem palastartigen Gebäude lebe – daß sie von mir so getrennt sind wie der Himmel von der Erde. Die Wahrheit jedoch hat noch eine andere Seite. Als ich auf den Berg stieg und den Fluß überquerte, war ich (Zeit). Zeit muß notwendigerweise mit mir sein. Ich bin schon immer; Zeit kann mich nicht verlassen. Wenn Zeit nicht als ein Phänomen aufgefaßt wird, das verebbt und flutet, so ist die Zeit, da ich den Berg erstieg, der

gegenwärtige Augenblick der Sein-Zeit. Wenn Zeit nicht als kommend und gehend gedacht wird, ist dieser gegenwärtige Augenblick für mich die absolute Zeit. Zu der Zeit, da ich den Berg erstieg und den Fluß überquerte, erlebte ich da nicht die Zeit, die ich in diesem Gebäude bin? Drei Köpfe und acht Ellbogen ist die gestrige Zeit; eine Höhe von sechzehn bis achtzehn Fuß ist die heutige; aber „gestern" und „heute" bedeuten die Zeit, da man geradewegs in die Berge geht und die zehntausend Gipfel sieht. Sie ist nie vergangen. Drei Köpfe und acht Ellbogen ist meine Sein-Zeit. Sie scheint vergangen zu sein, aber sie ist gegenwärtig. Also ist die Kiefer Zeit und also der Bambus. Fasse Zeit nicht so auf, als verflöge sie nur; verfliegen ist nicht ihr einziges Wirken. Auf daß die Zeit verfliegen könnte, müßte es eine Trennung geben (von ihr und den Dingen). Da ihr meint, daß Zeit lediglich vergeht, lernt ihr nicht die Wahrheit über Sein-Zeit. Mit einem Wort: Jegliches Sein in der gesamten Welt ist eine gesonderte Zeit in einem Kontinuum. Und da Sein Zeit ist, bin ich meine Sein-Zeit. Zeit hat die Eigenschaft, sozusagen von heute auf morgen überzugehen, von heute auf gestern, von gestern auf heute, von heute auf heute, von morgen

Wie moosbewachsene Felsblöcke in einem Flußbett wirken die kunstvoll beschnittenen Teebüsche in diesem Garten. Meisterlich beherrschen die japanischen Landschaftsgärtner die Kunst, mit etwas, das wir Westler als auf die Spitze getriebene „Künstlichkeit" empfinden, den Eindruck völliger Natürlichkeit zu erwecken.

auf morgen. Da dieses Übergehen eine Eigenschaft der Zeit ist, überschneiden sich gegenwärtige und vergangene Zeit nicht, noch stoßen sie einander. Aber der Meister Seigen ist Zeit, Ōbaku ist Zeit, Kōsei ist Zeit, Sekitō* ist Zeit. Da ihr und ich Zeit sind, ist Übung-Erleuchtung Zeit.

* Chinesische Zen-Meister alter Zeit.

Kaum ist der Kirschbaum voll erblüht, fliegen schon Blütenblätter im Wind, und in den Jubel über die Schönheit der Kirschblüte mischt sich Wehmut über ihre Vergänglichkeit.

Brief an einen Sterbenden
Bassui Zenji

An einen Sterbenden

Das Wesen Deines Geistes ward nicht ins Leben gerufen und geht nicht in den Tod. Es ist nicht Sein, es ist nicht Nichts. Es ist nicht Leere Weite, es ist nicht Sinnenhaftigkeit. Es ist auch nichts, was Schmerz und Freude fühlt. Wie sehr Du auch das, was jetzt krank und voller Schmerzen ist, zu erkennen trachtest, so erkennst Du es (mit dem Verstand) doch nicht. Wohlan denn, was ist die Geist-Substanz dessen, der Krankheit und Schmerzen erleidet? Darüber sinne nach, und außer diesem habe nichts im Sinn, auch keinen anderen Wunsch. Wolle auch nichts verstehen, und verlasse Dich auf sonst nichts. Wenn Du also Deine Tage beschließt, gleich wie Wolken am Himmel vergehen, so wird der Gang Deines Karma enden, und Du wirst alsbald erlöst sein.

Holztäfelchen mit Wunschgebeten oder Danksagungen vor der Statue eines *Rakan*, eines buddhistischen „Heiligen". Wie auch die Statuen von Buddhas und Bodhisattvas stellen die Rakan-Standbilder nicht bestimmte historische Persönlichkeiten dar, sondern die Verkörperung eines Bewußtseinszustandes. Was in diesen Statuen verehrt wird, ist nicht eine Person, die irgendwann einmal den Zustand der „Heiligkeit" verwirklicht hat, sondern die in jedem Menschen latent vorhandene Vollkommenheit, die durch die Zen-Schulung zu einer in jedem Augenblick gelebten Wirklichkeit wird.

Ein Mönch schlägt die große Trommel. Während der in einem Zen-Kloster mehrmals im Jahr abgehalten *Sesshin* – das sind Perioden intensiver meditativer Zurückgezogenheit, die der „Sammlung des Herz-Geistes" (jap.: *sesshin*) dienen – bewahren die Mönche völliges Schweigen. Die verschiedenen Abschnitte des Tages werden durch Klangsignale von Glocken, Gongs, Holzklappern und der großen Trommel angezeigt.

In kaum einer anderen Kunst kommt das Verhältnis des vom Geist des Zen durchdrungenen Japaners zur Zeit so gut zum Ausdruck wie in der des *Bonsai*. Welcher typische Bürger unserer westlichen Zivilisation würde es schon ertragen, sich mit geduldiger Hingabe einer Kunst zu widmen, deren Resultate – etwa eine Bonsai-Kiefer wie diese – oft erst Generationen später, nach zweihundert, dreihundert oder mehr Jahren behutsam gelenkten Wachstums sichtbar werden.

(...) Der Meister Ki sprach: „Was für ein Baum ist das! Der hat bestimmt ganz besonderes Holz."
Er blickte nach oben, da bemerkte er, daß seine Zweige krumm und knorrig waren, so daß sich keine Balken daraus machen ließen. Er blickte nach unten und bemerkte, daß seine gro-

ßen Wurzeln nach allen Seiten auseinandergingen, so daß sich keine Särge daraus machen ließen. (...) Meister Ki sprach: „Das ist wirklich ein Baum, aus dem sich nichts machen läßt. Dadurch hat er seine Größe erreicht. Oh, das ist der Grund, warum der Mensch des Geistes unbrauchbar für das Leben ist." (*Dschuang Dsi*, Kap. 4.5)

Huang-bo's Tresterlecker*

* Bi-Yän-Lu:
1. Beispiel

Hinweis
Der Buddhas und der Patriarchen mächtige Geisteskräfte sind auf ihn gekommen und stehen ihm völlig zu Gebot. Der Menschen wie der Götter Lebenspulse empfangen alle von ihm Wink und Ruf.
Ein Alltagswort von ihm (so wie das im folgenden Beispiel) erschreckt die Hörer, setzt den Haufen in Bewegung.
Er rührt sich, er faßt etwas an, und damit schon zerreißt er anderen ihre Ketten, schlägt ihnen den Halskragen aus Holz in Stücke (auf dem ihre Taten verzeichnet stehen. Er befreit sie von Verblendung und von Schuld).
Er nimmt sich derer an, die überwärts gerichtet sind und bietet ihnen das, was überwärtig ist.
Nennt mir einmal jemanden, der schon in dieser Weise aufgetreten ist! Wißt ihr denn auch, was bei solch einem der Punkt ist, auf den ihm alles ankommt? Zur Probe hier ein Beispiel! Sehet her!

Das Beispiel
Wir legen vor:
Huang-bo sagt bei der Unterweisung seiner Bruderschaft: Ihr Leute hier seid alle samt und sonders Tresterlecker. Das ist die Art, wie ihr als fahrende Scholaren von Ort zu Orte pilgert. Wo aber habt ihr euer Heute? Wißt ihr denn eigentlich, daß im ganzen großen Tang-Reich kein Zen-Meister zu finden ist? Nun war da ein Mönch, der trat vor und sagte: Dann möchte ich nur wissen, was es bedeutet, daß überall im Lande Klöster sind, wo man sich der Scholaren annimmt und Bruderschaften leitet?
Huang-bo erwiderte: Ich sage nicht: Es gibt kein Zen; nur: Es gibt keinen Meister.

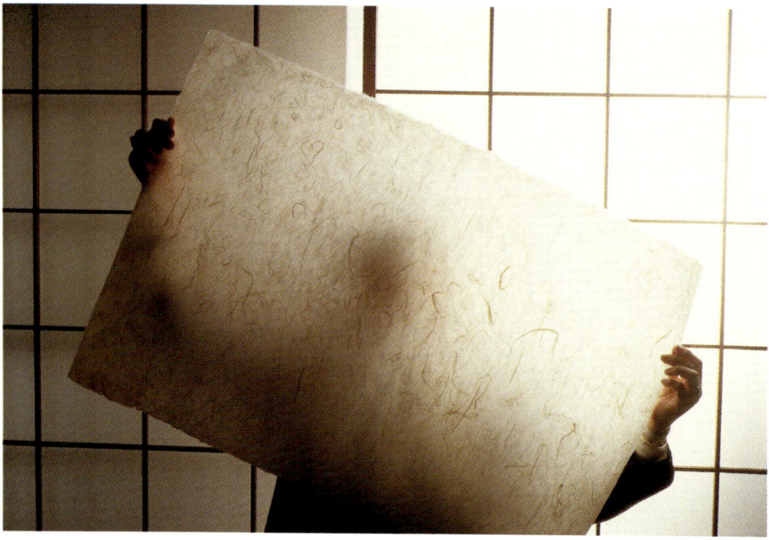

Hakushi, „weißes Papier". Wie ein Bogen makellos weißen Papiers soll der Herz-Geist des Mönches werden, das heißt frei von allen Überlagerungen durch verblendetes Denken und Fühlen. Dann kann sich in einem Augenblick die Erfahrung des *Satori*, der „Erleuchtung", einstellen.

Zwei Zen-Mönche verneigen sich mit *Gasshō*, der uralten, den Menschen vieler Kulturen „eingefleischten" Geste des Grußes, der Bitte, Dankbarkeit, Verehrung und Anbetung. In diesem „Zusammenlegen der Handflächen" kommt spontan ein Bewußtseinszustand zum Ausdruck, in dem die Einheit der polaren Kräfte der phänomenalen Welt aufscheint.

1. Beispiel: Jōshū, Hund
Mumon-kan

Ein Mönch fragte Meister Jōshū respektvoll: „Hat ein Hund wirklich Buddha-Wesen, oder nicht?"
Jōshū sagte: „Mu."

Mumon sagt:
Bei der Übung des Zen müßt ihr durch die Schranke der Patriarchen hindurchdringen und, um diese unvergleichliche Erleuchtung zu finden, den Weg des Herzens (Bewußtseins) völlig abschneiden. Wenn ihr die Schranke der Patriarchen nicht durchdringt und den Weg des Herzens (Bewußtseins) nicht abschneidet, seid ihr Gespenstern gleich, die sich an Gräsern halten, an Bäume heften.
Sagt einmal: Was denn ist diese Schranke der Patriarchen?
Nur das Eine, nur dies Mu, das ist die eine Schranke unserer Lehre. Schließlich hat man es die „Torlose Schranke der Zen-Lehre" genannt.
Wer hindurchgegangen ist, der kann nicht allein Jōshū von Angesicht zu Angesicht sehen, sondern auch Hand in Hand mit den Patriarchen aller bisherigen Generationen wandeln, mit ihnen Braue an Braue sein, mit den gleichen Augen sehen, und mit den gleichen Ohren hören. Ist denn das

nicht Freude und Entzücken? Ist da nicht jemand, der durch die Schranke dringen will?
So versenkt euch denn mit allen 360 Knochen und 84 000 Poren, der ganze Leib ein einziges zweifelndes Fragen, in dieses Mu. Haltet Tag und Nacht ausschließlich daran fest. Faßt es nicht als eitles Nichts auf, noch faßt es auf als „Sein" oder „Nicht-Sein". Es muß sein wie mit einer rotglühenden Eisenkugel, die ihr verschluckt habt und ausspeien möchtet, aber nicht ausspeien könnt. Ihr müßt alle bisherigen verblendeten Gedanken, aller verblendeten Erinnerungen (Gefühle) wegwerfen. Nach geraumer Zeit reift Mu heran, und wenn Innen und Außen ganz natürlich in Eins zusammenfallen, werdet ihr wie Stumme sein, die einen Traum gehabt haben: Es ist euch nur vergönnt, das einzig für euch selbst zu wissen.

Wenn Mu dann plötzlich aufbricht, setzt es den Himmel in Bestürzung und bringt die Erde in Bewegung. Gleich als hättet ihr das große Schwert von General Kan geraubt und hieltet es nun in der Hand, werdet ihr den Buddha töten, wenn ihr ihn trefft, werdet ihr die Patriarchen töten, wenn ihr sie trefft. Auch am Rande von Leben und Tod

Auch wenn die Lehre des Zen im modernen japanischen Alltag kaum eine größere Rolle spielt als die Mystik eines Eckhart im heutigen Westen, hat die Ästhetik des Zen doch die gesamte japanische Kultur durchdrungen. So manifestiert sich der Zen-Geist mit seiner Hochachtung für den Wert jedes einzelnen Dings auch heute noch in der Art, wie Nahrungsmittel – hier eine Süßigkeit (oben) – zubereitet werden, oder wie dem Gast in einem *Ryōkan* (japanisches Gasthaus) der Gürtel seines *Yukata* (leichtes Baumwollgewand) präsentiert wird (rechts).

werdet ihr die große Freiheit genießen; in den Sechs Bereichen [der Existenz im leidvollen Rad des Lebens] und den vier Arten von Geburt [aus dem Schoß, aus dem Ei, aus dem Wasser, durch Metamorphose] werdet ihr im Samádhi entzückten Spielens sein.
Wie nun haltet ihr ausschließlich an Mu fest? Alle eure Lebenskräfte erschöpfend, sammelt euch auf Mu. Wenn ihr nicht unterwegs aufgebt, werdet ihr erleuchtet werden, gleich wie eine Dharma-Kerze durch einen einzigen Funken entzündet wird.

Der Lobspruch lautet:

Hund! Buddha-Wesen!
Vollkommene Manifestation, unabdingbarer Befehl.
Ein klein wenig „hat" oder „hat nicht" –
Leib verloren, Leben verloren.
neu

Schwarzer Lack. Im Zen wird er oft als Bild benutzt für das Nicht-Wissen, das von keiner Spur des nur die Oberflächen beleuchtenden Lichtes des Intellekts verunreinigt ist. Erst in dieser strahlenden Schwärze des „Nicht-Bewußtseins" (jap. *mushin*) ist alle Dualität und damit jede Empfindung von Subjekt und Objekt verschwunden.

Der Geist gleicht der Leere, in der es keine Verwirrung und kein Böses gibt, wenn die Sonne sie durchkreist und die vier Himmelsrichtungen erhellt. Denn wenn die Sonne aufsteigt und die ganze Welt erleuchtet, nimmt die Leere nicht an Glanz zu, und wenn sie niedergeht, wird die Leere nicht dunkler. Die Erscheinungen von Licht und Dunkel wechseln ab, das Wesen der Leere aber bleibt unverändert. Das gleiche gilt für den Geist des Buddha und der Lebewesen. Wenn du Buddha für eine reine, strahlende oder erleuchtete Erscheinung hältst, die Lebewesen aber für üble, dunkle und todgeweihte Gestalten, so werden dich diese Vorstellungen, die deinem Haften an Formen entstammen, von der höchsten Erkenntnis fernhalten, auch dann noch, wenn du so viele Äonen durchschritten hast, wie es Sandkörner am Ganges gibt.

Es existiert nur der Eine Geist und kein Teilchen von irgend etwas anderem, an das man sich klammern könnte. Denn dieser Geist ist Buddha. Wenn ihr Schüler auf dem Weg nicht zu dieser Geistsubstanz erwacht, werdet ihr den Geist mit begrifflichem Denken überlagern, Buddha außerhalb von euch selbst suchen und gebunden bleiben an Formen, fromme Übungen und anderes, was schädlich und keineswegs der Weg zur höchsten Erkenntnis ist.

Wenn die Menschen der Welt hören, daß Buddha die Lehre vom Geist übermittelt hat, dann nehmen sie an, es gäbe etwas, das jenseits des Geistes erlangt oder erfahren werden kann. So benutzen sie den Geist, um den Dharma zu suchen, unwissend, daß der Geist und das Ziel ihrer Suche eins sind. Der Geist kann nicht benutzt werden, um etwas vom Geist zu suchen. Auch wenn Millionen Äonen so vergingen, der Tag des Erfolges würde nicht aufdämmern. Eine solche Methode ist nicht zu vergleichen mit dem plötzlichen Fortwerfen aller begrifflichen Gedanken, das der grundlegende Dharma ist. Stellt euch einen Krieger vor, der vergessen hat, daß er seine Perle auf der Stirn trägt, und sie überall sucht. Er könnte die ganze Welt durcheilen und würde sie doch nicht finden. Würde aber jemand, der Bescheid wüßte, seinen Irrtum aufklären, würde er sogleich erfassen, daß die Perle die ganze Zeit dort war.
Ebenso werdet ihr Schüler des Weges, wenn ihr euren wirklichen Geist nicht als Buddha erkennt, diesen überall suchen, euch auf verschiedenste Handlungen und

亀の井別荘
由布院温泉

Im Badehaus. Das heiße Bad als Ort der äußeren wie inneren Reinigung spielt eine wichtige Rolle im japanischen Alltag. In den auch im strengsten Winter ungeheizten Zen-Klöstern ist es zudem eine willkommene Gelegenheit sich aufzuwärmen und die nach langen Perioden des Sitzens (*Zazen*) mit verschränkten Beinen schmerzenden Glieder zu entspannen.

Der *Daibutsu* (großer Buddha) von Kamakura. Was in solchen Statuen verehrt wird, ist nicht etwa der „Gott der Buddhisten", sondern die Buddha-Natur, die das Wahre-Wesen jedes einzelnen Lebewesens ist.

Zazen – im tieferen Verständnis des Zen kein „Weg" zu einem irgendwann einmal zu verwirklichenden „Ziel", sondern momentane Vergegenwärtigung der immer schon vorhandenen Buddhaschaft.

Übungen einlassen und durch solche stufenweisen Praktiken das Ziel zu erreichen suchen. Aber selbst nach Äonen eifrigster Suche werdet ihr nicht imstande sein, den Weg zu finden. Diese Methoden lassen sich nicht vergleichen mit dem plötzlichen Ausmerzen aller begrifflichen Gedanken, im sicheren Wissen, daß es überhaupt nichts gibt, was absolute Existenz besitzt, nichts, an das man sich klammern kann, nichts, dem man vertrauen, nichts, in dem man verweilen kann, nichts, was Subjekt oder Objekt ist. Nur indem ihr verhindert, daß begriffliches Denken entsteht, werdet ihr Bodhi erfahren. Dann werdet ihr auch Buddha erfahren, der immer in eurem eigenen Geist existierte. Alle Äonen eifrigen Suchens werden sich als ebensolange Zeit nutzloser Anstrengungen erweisen. Es wird sein wie bei dem Krieger, der seine Perle fand: Er entdeckt nur, was er all die Zeit auf seiner Stirn trug, und dieses Entdecken hat nichts zu tun mit seinen Anstrengungen, die Perle anderswo zu finden. Darum sprach Buddha: „Ich habe durch die vollkommene unübertreffbare Erleuchtung wahrlich nichts dazugewonnen.“ Nur in der Befürchtung, daß die Menschen dieses nicht glauben würden, berief er sich auf das mit den fünf Arten der Schau Wahrzunehmende und mit den fünf Arten der Rede Auszusprechende. Dieser Satz ist aber keineswegs leeres Gerede, sondern drückt die höchste Wahrheit aus.

Frage: Nach allem, was Ihr eben gesagt habt, ist der Geist Buddha; aber es ist nicht klar, welcher Geist gemeint ist mit diesem „Geist, der Buddha ist".
Antwort: Wie viele Arten Geist hast du?
F: Aber ist Buddha der gewöhnliche Geist oder der erleuchtete Geist?
A: Wo in aller Welt bewahrst du deinen „gewöhnlichen" und deinen „erleuchteten Geist" auf?
F: In der Lehre der Drei Fahrzeuge heißt es, daß es beide gibt. Warum leugnen dies Euer Ehrwürden?
A: In der Lehre der Drei Fahrzeuge wird deutlich erklärt, daß der gewöhnliche wie der erleuchtete Geist Täuschung sind. Du verstehst dies nicht. Alles Haften am Gedanken von der Existenz der Dinge ist ein Verwechseln des Nichtvorhandenen mit der Wahrheit. Wie sollten solche Begriffe nicht Täuschung sein? Da sie dies sind, verbergen sie dir den Geist. Würdest du dich nur von Begriffen wie „gewöhnlich" und „erleuchtet" freimachen, dann würdest du sehen, daß es keinen anderen Buddha als jenen in deinem eigenen Geist gibt. Als Bodhidharma aus dem Westen kam, wies er nur darauf hin, daß die Substanz, aus der alle Menschen gebildet sind, Buddha ist. Du aber mißverstehst dies noch immer.

Du haftest an Begriffen wie „gewöhnlich" und „erleuchtet", indem du deine Gedanken nach außen richtest, wo sie wie Pferde herumspringen. Dies alles führt zur Verdunklung deines Geistes. Darum sage ich dir, daß der Geist Buddha ist. Sobald Gedanken oder Gefühle aufsteigen, verfällst du dem Dualismus. Anfanglose Zeit und der gegenwärtige Augenblick sind das gleiche. Es gibt nicht dieses oder jenes. Diese Wahrheit verstehen, nennt man die vollkommene und unübertreffliche Erleuchtung.

F: Auf welche Lehre (Dharma-Grundregel) gründen Euer Ehrwürden dieses Wort?

A: Warum eine Lehre suchen? Sobald du eine Lehre hast, verfällst du dem dualistischen Denken.

F: Gerade eben sagtet Ihr, daß anfanglose Vergangenheit und Gegenwart das gleiche seien. Was meint Ihr damit?

A: Nur wegen deines *Suchens* unterscheidest du zwischen beiden. Würdest du damit aufhören, wie könnte es dann noch eine Unterscheidung geben?

F: Wenn es keine Unterschiede gibt, warum habt Ihr dann gesonderte Bezeichnungen gebraucht?

A: Hättest du nicht die Worte „gewöhnlich" und „erleuchtet" gebraucht, wer hätte sich

Durch die geöffneten papierbezogenen Schiebetüren (*shōji*) einer Zen-Klause (oben) wird der Blick in den Garten oder auf einen Wasserfall (links) gelenkt. *Unsui*, „Wolke und Wasser", nennen sich von alters her die Zen-Mönche. Absichtslos kommen und ohne Widerstreben vergehen wie die weißen Wolken am Sommerhimmel, wie das Wasser weich und ohne Zögern um jedes Hindernis herumfließen – das ist gelebtes Zen.

Badehaus an einer heißen Quelle (*onsen*). In seiner Leichtbauweise aus Holz, Papier und Lehm – Materialien, die schon bald Spuren der Vergänglichkeit tragen – schmiegt sich das traditionelle japanische Haus in die Landschaft. Es ist organischer Teil der Natur und versucht nicht, sie zu dominieren – und wie im Geist des Zen-Menschen sind die Übergänge zwischen „außen" und „innen" fließend.

dann um solche Dinge gekümmert! Ebenso wie diese Kategorien keine wirkliche Existenz besitzen, ist der Geist nicht wirklich „Geist". Da aber beide, der Geist wie diese Kategorien, in Wirklichkeit Täuschung sind, wo kannst du dann irgend etwas zu finden hoffen?

F: Täuschung kann uns den eigenen Geist verbergen, aber bisher habt Ihr uns nicht gelehrt, wie wir die Täuschung loswerden können.
A: Entstehen wie Beseitigen der Täuschung sind beides Täuschungen. Diese wurzeln nicht in der Wirklichkeit, sondern bestehen nur durch dein dualistisches Denken. Wenn du nur aufhörtest, entgegengesetzten Begriffen wie „gewöhnlich" und „erleuchtet" anzuhängen, würde die Täuschung von allein aufhören. Wolltest du sie dann noch – wo auch immer – zerstören, würdest du entdecken, daß auch nicht eine Haaresbreite von irgend etwas zurückgeblieben ist, das du erfassen kannst. Dies ist die Bedeutung von: „Ich will mit beiden Händen loslassen. Dann werde ich gewiß Buddha in meinem Geist entdecken."
F: Wenn es nichts gibt, was ich fassen kann, wie ist dann der Dharma übermittelt worden?

Opfergaben vor einer Buddhastatue (*Daibutsu, Kamakura*). Solche Opfergaben sollen nicht etwa ein „Höheres Wesen", das „über" der Schöpfung in seinem „Jenseits" residiert und die Geschicke der Welt lenkt, milde stimmen oder dem Gebenden gewogen machen. Das Geben ist nicht Mittel zu einem Zweck, sondern Ausdruck des uns innewohnenden Buddha-Wesens, das heißt der latenten Vollkommenheit. Daß diese Vollkommenheit *in dieser Welt* verwirklicht werden kann, haben große Lehrer wie Buddha oder Jesus Christus uns vorgelebt.

A: Es ist eine Übertragung von Geist zu Geist.
F: Wenn der Geist zur Übermittlung benutzt werden kann, warum sagt Ihr dann, daß auch der Geist nicht existiert?
A: Keinen Dharma – welcher Art auch – empfangen, heißt geistige Übertragung. Das Begreifen dieses Geistes braucht keinen Geist und keinen Dharma.
F: Wenn es keinen Geist und keinen Dharma gibt, was bedeutet dann Übertragung?
A: Du hörst, daß Menschen von Geist-Übertragung sprechen und meinst, die sprächen von etwas, das man erhalten kann.
Bodhidharma aber sprach:
„Das Wesen des Geistes, recht verstanden,
läßt sich durch Menschenwort nicht greifen noch vermitteln.
Erleuchtung läßt sich nicht erlangen,
Und der sie findet, sagt nicht, daß er weiß."
Würde ich dies auch erklären, du würdest es doch nicht verstehen.

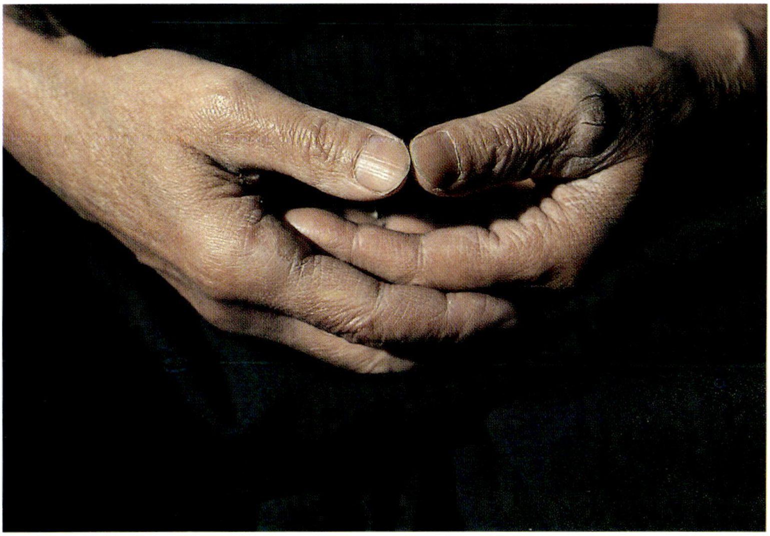

Während des *Zazen* ruhen die Hände der Mönche im *Dhyāna-Mudrā*, der „Geste der Meditation", im Schoß. Die im Lotossitz verschränkten Beine und die im Dhyāna-Mudrā zusammengelegten Hände gehören zu der traditionellen Sitzhaltung im Zen, die besonders dazu beiträgt, Geist und Körper zur Ruhe zu bringen.

Quellen

S. 2
Aus: Huang-po, Der Geist des Zen, © 1983 Otto Wilhelm Barth Verlag, Bern und München

S. 6
Michael Müller / Der Geist des Zen, Originalbeitrag

S. 44
Wu-Di von Liang und Bodhidharma, aus: Bi-Yän-Lu, Meister Yüan-wu's Niederschrift von der Smaragdenen Felswand, Verdeutscht und erläutert von Wilhelm Gundert, © 1960–1973 Carl Hanser Verlag, München Wien

S. 50
Dschau-dschou zu dem Vers: „Der höchste WEG ist gar nicht schwer.", aus: Bi-Yän-Lu, Meister Yüan-wu's Niederschrift von der Smaragdenen Felswand, Verdeutscht und erläutert von Wilhelm Gundert, © 1960–1973 Carl Hanser Verlag, München Wien

S. 64
Dōgen Zenji / „Sein-Zeit", aus: Philip Kapleau, Die drei Pfeiler des Zen, © 1969 Otto Wilhelm Barth Verlag, Bern und München

S. 76
Bassui Zenji / Brief an einen Sterbenden, aus: Philip Kapleau, Die drei Pfeiler des

Zen, © 1969 Otto Wilhelm Barth Verlag, Bern und München

S. 80/81

aus: Dschuang Dsi, Das wahre Buch vom südlichen Blütenland, aus dem Chinesischen übertragen und erläutert von Richard Wilhelm, erschienen in Diederichs Gelben Reihe Nr. 14

© Eugen Diederichs Verlag, München

S. 82

Huang-bo's Tresterlecker, aus: Bi-Yän-Lu, Meister Yüan-wu's Niederschrift von der Smaragdenen Felswand, Verdeutscht und erläutert von Wilhelm Gundert,

© 1960–1973 Carl Hanser Verlag, München Wien

S. 86

Mumonkan / 1. Beispiel: Jōshū, MU!, aus: Philip Kapleau, Die drei Pfeiler des Zen,

© 1969 Otto Wilhelm Barth Verlag, Bern und München

S. 92

Huang-po / Unterweisungen, aus: Huang-po, Der Geist des Zen, © 1983 Otto Wilhelm Barth Verlag, Bern und München

S. 100

Huang-po / Dialoge, aus: Huang-po, Der Geist des Zen, © 1983 Otto Wilhelm Barth Verlag, Bern und München

Autor/Impressum

Eberhard Grames, geb. 1955. Studium der Völkerkunde und Kunstgeschichte. Seine Reportagen und Fotoessays über Europa, Japan, Australien und die USA erscheinen in GEO, stern, FAZ-Magazin und anderen Publikationen. Zahlreiche Ausstellungen, u. a. im Museum of Modern Art in New York (1992). Im Ellert & Richter Verlag sind von ihm die Bände „Amerikanische Nächte", „Canyons", „Das Meer" und „Provence" erschienen.

Die Deutsche Bibliothek – CIP-Einheitsaufnahme

Zen / Eberhard Grames. – Hamburg: Ellert & Richter, 1997
(Edition Ellert & Richter)
ISBN 3-89234-766-2

Fotos: Eberhard Grames
Gestaltung: nach Entwürfen von Hartmut Brückner, Bremen
Lektorat: Gabriele Sperling, Hamburg
Satz: KCS GmbH, Buchholz/Hamburg
Lithographie: Offset-Repro im Centrum, Hamburg
Druck: Girzig + Gottschalk GmbH, Bremen
Bindung: S. R. Büge, Celle